LE GÉNIE DE RABELAIS

PAR

GUSTAVE VALLAT
CENSEUR DES ÉTUDES
AU LYCÉE DE PONTIVY
MEMBRE DE LA SOCIÉTÉ DE GÉOGRAPHIE DE PARIS

PARIS
CHARLES DELAGRAVE, ÉDITEUR
15, RUE SOUFFLOT, 15

1880

LE GÉNIE

DE

RABELAIS

LE GÉNIE

DE

RABELAIS

PAR

GUSTAVE VALLAT

CENSEUR DES ÉTUDES

AU LYCÉE DE PONTIVY

MEMBRE DE LA SOCIÉTÉ DE GÉOGRAPHIE DE PARIS

PARIS

CHARLES DELAGRAVE, EDITEUR

15, RUE SOUFFLOT, 15

1880

INTRODUCTION

Rabelais servit la cause de la raison, de la justice, de l'humanité. « Son livre fut, pour l'esprit humain, un éclatant signal d'affranchissement[1]. » Malgré un tel titre à sa reconnaissance, le peuple ignore même aujourd'hui le nom de ce bienfaiteur. Je vais plus loin ; parmi tous ceux qui ont fait leurs humanités, si j'en excepte un petit nombre d'une intelligence supérieure, combien ont lu son œuvre ? Quelques curieux, et ce ne sont pas les moins habiles, ont eu le courage d'en déchiffrer certains passages, sans retirer le plus souvent de cette laborieuse lecture d'autres avantages que des notions vagues, incomplètes, parfois très-fausses. Cependant, dira-t-on, n'a-t-il pas paru ces dernières années des ouvrages[2]

1 Eugène Noel. Le Rabelais de poche, préface, page 3, Paris 1879.
2 Rabelais et ses œuvres par Jean Fleury, deux volumes, Paris 1876.
Rabelais, la Renaissance et la Réforme par Emile Gebhart, Paris 1877.

d'un vif intérêt sur Rabalais? Certainement; mais ce sont des volumes considérables composés par de savants critiques pour un public savant. Toutefois je ne doute pas que ces curieux, dont je viens de parler, ne se soient empressés d'y chercher la solution d'un problème resté jusque-là insoluble pour eux, et qu'ils n'aient ainsi, à leur grande satisfaction, rectifié leur jugement. Mais les autres, et tous ceux qui n'ont fréquenté que les écoles primaires, même supérieures, les ont-ils lus? Le pouvaient-ils du reste fructueusement? En effet, M. Fleury ne se contente pas d'analyser et de commenter fort longuement le roman de Gargantua et de Pantagruel; il traite encore toutes les questions qui s'y rattachent de près ou de loin, et va jusqu'à faire d'ingénieux rapprochements avec la littérature russe. M. Gebhart étudie à fond autant l'esprit de la Renaissance et de la Réforme que celui de Rabelais, et en trace un tableau achevé où l'on reconnaît la touche d'un maître. Mais il faut avoir beaucoup d'acquis pour goûter le charme de si beaux travaux d'érudition. Que de choses nouvelles et difficiles à comprendre pour la plupart des gens qui, sans être dépourvus d'instruction, ne sont pas en état de profiter de tels trésors! Je ne crois pas non plus que le remarquable traité, où M. Hermann Ligier approfondit avec un rare mérite une question toute spéciale[1], soit bien à leur portée, par la seule raison qu'il me paraît propre à contenter pleinement le désir des personnes qui, déjà fort instruites, aiment creuser un sujet. Pourtant il est juste et utile que les intelligences même les plus humbles ne restent pas étrangères aux sentiments équitables, profondément humains, aux idées puissantes et régénératrices de notre premier écrivain national. Il faut les populariser le plus possible. C'est dans ce but que je publie mon étude; aussi ai-je renoncé à la faire suivre d'extraits dont la compréhension eût nécessité, outre un glossaire, un certain savoir qu'on ne rencontre pas généralement dans toutes les classes de la société. Les passages, que je cite dans le cours de mon travail, sont d'ordinaire assez courts, d'une extrême clarté, et n'exigent de la part du lecteur qu'un peu de réflexion pour être saisis[2]. Mais je

1 La Politique de Rabelais par Hermann Ligier, docteur ès lettres. Paris 1880.

2 Il suffit de savoir que Rabelais emploie les lettres

	i	au lieu de	j
	o	—	a
	u	—	v
souvent	y	—	i
	z	—	s
et les mots	on	—	au
	es	—	dans ou aux

reproduis le plus scrupuleusement possible le texte primitif[1]; car le rajeunir, si légèrement que ce soit, c'est, à mon avis, lui enlever quelque chose de sa physionomie propre et par conséquent l'abâtardir. Chaque mot a sa forme, sa couleur, son originalité. Rien n'est à changer. Voyez à ce sujet comme les noms des personnages sont expressifs et caractéristiques. La moindre modification en atténuerait la force; aussi, pour la faire mieux sentir, ai-je pris soin d'indiquer brièvement en temps et lieu leur étymologie.

Je me propose donc, uniquement pour l'instruction du plus grand nombre, de mettre en lumière, dans quelques pages, l'impulsion vigoureuse donnée par *un sage,* sous le masque *d'un fou*, à l'avancement intellectuel et moral de la France, et d'accuser les traits les plus saillants de son incomparable génie.

Puissé-je, par cette simple interprétation de Rabelais, éclairer tous ceux qui ne le connaissent point, et leur apprendre à juger sainement, malgré

1 Les accents, les apostrophes et les cédilles n'étant pas usités en typographie avant 1533, époque où le système de l'imprimeur Geofroy Tory concernant les signes orthographiques fut généralement adopté, je n'en ai point mis dans mes citations tirées de Gargantua dont l'édition originale est de 1532.

son architecture grotesque, du monument grandiose élevé par le penseur géant, l'athlète Protée de la Renaissance, le précurseur et le modèle de nos plus illustres réformateurs !

LE GÉNIE

DE RABELAIS

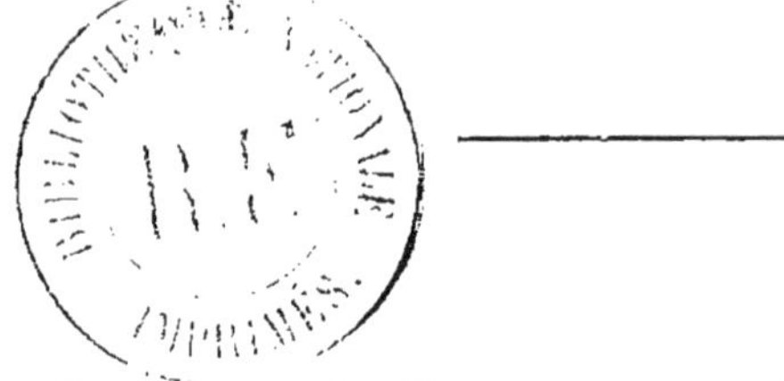

Le roman de Gargantua et de Pantagruel est la production la plus singulière de l'esprit humain. Cette œuvre a donné lieu aux commentaires les plus différents. Pour les uns c'est seulement un tissu de grossières joyeusetés; pour d'autres « une chimère, le visage d'une belle femme avec les pieds et une queue de serpent ou de quelque autre bête plus difforme, » en un mot, « une énigme inexplicable [1]; » pour d'autres, sous l'apparence d'une joviale bonhomie, une violente attaque contre la monarchie et la religion; pour d'autres enfin, au milieu de scènes bouffonnes, le portrait satirique de personnes célèbres dans l'histoire. Qui croirait

1 La Bruyère. Les Caractères, des ouvrages de l'esprit.

pourtant qu'un homme d'une science profonde ait écrit uniquement pour divertir les buveurs, ou se soit posé en sphinx vis-à-vis de ses contemporains et de la postérité, leur donnant à deviner de vains rêves ? On ne saurait non plus admettre sérieusement que le curé de Meudon ait été un révolutionnaire et un impie. Que de frais d'imagination on a faits pour trouver ressemblants Grandgousier et Louis XII ou Jean d'Albret, Gargamelle et Anne de Bretagne ou Catherine de Foix, Gargantua et François Ier ou Henri II d'Albret, la grande Jument et la duchesse d'Etampes ou Diane de Poitiers, Madame Badebec et la reine Claude ou Marguerite de Valois ! Que de peine on a prise pour découvrir Maximilien Sforza ou Charles-Quint dans Picrochole, Odet de Châtillon ou le cardinal du Bellay dans le frère Jean des Entommeures, Antoine de Bourbon ou Henri II dans Pantagruel, le cardinal de Lorraine ou Jean de Montluc, évêque de Valence, dans Panurge ! On avait plaisir à se figurer que cet ouvrage composé sous l'inspiration d'Aristophane [1] était la renais-

1 Le plus grand poëte de l'ancienne comédie grecque.

sance de la comédie moyenne [1]. Il peut se faire que des personnages de son époque aient servi de sujets d'étude à Rabelais pour la création de quelques-uns de ses héros ; mais, s'il en est ainsi, avec la sûreté de l'anatomiste il a pénétré dans leur âme, en a fait l'analyse, a su abstraire leurs défauts et leurs qualités, leurs passions et leurs ridicules, les personnifier et en former des types qui ont une originalité propre. « Les êtres qu'il crée, dit un grand historien [2] avec le discernement d'un littérateur consommé, sont aussi puissants, aussi originaux que sa langue. » Le roman de Gargantua et de Pantagruel n'est donc ni une pure gaudisserie de cabaret, ni une énigme inexplicable, ni une insulte à l'autorité royale et religieuse, ni une satire personnelle ; il a un tout autre caractère, une plus haute portée. C'est, sous les dehors d'une intarissable gaieté, d'une folie qui n'a pas sa pareille, une satire impersonnelle pleine de sagesse, une très-saine critique des aberrations et des abus de tout genre ;

1 Il ne nous en reste aucune pièce ; il suffit de savoir qu'on mettait en scène des personnages vivants, non sous leurs propres noms comme dans la comédie ancienne, mais sous des noms altérés ou changés. Aristophane nous donne l'idée de ce genre dans son Plutus.

2 Henri Martin. Histoire de France, tome VIII, page 209.

un tableau de mœurs, où, en regard d'une vieille société en décadence, se dessine le plan d'une société nouvelle et florissante. Rien de ce qui est contraire à la raison en littérature et en philosophie, à l'équité et à l'humanité en politique et dans l'administration de la justice, à la dignité et à la sainteté dans la vie religieuse, au désintéressement dans les questions ecclésiastiques, à la vérité et à la morale dans l'état social et dans l'éducation, ne trouve grâce devant sa mordante raillerie. Pour s'en convaincre, il suffit, comme le dit l'auteur lui-même, d' « *ouurir le liure et soigneusement peser ce que y est deduict.* » On connaît alors que « *la drogue dedans contenue est bien daultre valeur que ne promettoit la boite, cest a dire que les matieres icy traictees ne sont tant folastres, comme le tiltre au dessus pretendoit* [1]. »

On avait imprimé pour la première fois en 1496 à Séville l'Amadis de Gaule, les prophéties de l'enchanteur Merlin en 1498 à Burgos et pour la seconde fois en 1500 à Séville. L'histoire de la fée Mélusine avait paru successivement en 1489 à Tolosa, en 1512

1 Gargantua, prologue.

à Valence, en 1526 à Séville. Ces compositions, où l'on célébrait avec enthousiasme les prodiges des chevaliers, des enchanteurs et des fées, charmaient l'Europe, particulièrement la France, qui voyait en elles les variantes de vieux thèmes aussi attrayants que les légendes celtiques de géants et de sorciers; toutefois celles-ci étaient encore plus populaires. C'est pourquoi Rabelais, pour rendre son œuvre plus attachante, recourut à la chronique renommée de Grand-Gosier et de Gargantua. Ces géants passaient pour bienveillants : on les aimait. Il les rendra plus chers en leur attribuant les passions les plus aimables, l'amour du vrai, la justice, l'humanité. Pantagruel, le digne fils de Gargantua, sera bon comme son père et son grand père : tous les trois seront des civilisateurs, et, comme le progrès est une loi de nature, Gargantua l'emportera en qualités sur Grandgousier, et Pantagruel sur Gargantua.

Rabelais voulant donc réagir en France contre ces romans de chevalerie qui exaltaient l'imagination, faussaient le jugement, corrompaient le goût, fit une parodie, comme en Angleterre et en Italie avaient déjà fait des poëtes satiriques lassés des prouesses, Chaucer dans *the Knightes tale*[1], Folengo, plus connu sous le nom de Merlin Coccaie, dans ses *Macaronées*[2] où il raconte les aventures de l'héroïque Baldus, le soi-disant petit-fils de Charlemagne, et comme devait faire plus tard en Espagne le spirituel et malicieux Michel Cervantes dans son épopée burlesque, *Don Quichotte de la Manche, chevalier de la triste figure.* Mais la parodie gigantesque de Rabelais paraît surpasser les autres par la singularité d'esprit dans la conception du sujet et la force comique dans son exécution. Il offrait aux amateurs de *beaux ténébreux la vie treshorrificque du grand Gargantua* et *les faictz et prouesses espouentables de Pantagruel son fils, roy des Dipsodes.* Tous les Amadis, de quelque trempe qu'ils fussent, ne devaient pas être fiers en présence de ce terrible adversaire, qui dépasse ses illustres aïeux de cent coudées, le fameux Gargantua, assez fort pour renverser tours et forteresses à coups d'un gros arbre qu'il a facilement arraché de terre, assez adroit pour s'enlever, à l'aide d'un peigne garni

1 Le conte des chevaliers.

2 Sorte de poésie composée, en manière de plaisanterie, de mots empruntés de différentes langues ou de mots d'une même langue auxquels on donne des désinences propres à une autre.

de dents d'éléphants tout entières, plus de sept boulets qui lui sont demeurés entre les cheveux, et assez grand mangeur pour avaler par mégarde six pèlerins comme des limaçons avec des laitues aussi hautes qu'un noyer. Les héros de chevalerie étaient-ils comparables à Pantagruel qui défait Loupgarou et ses trois cents géants armés de pierres de taille, en les abattant, « *comme un masson faict de couppeaulx* [1], » à Bringuenarilles [2], le grand géant avaleur de poêles, chaudrons, lèchefrites et marmites, faute de moulins à vent « *des quelz ordinairement il se paissoit* [3], » et aux redoutables capitaines Riflandouille et Tailleboudin accompagnés de leurs soudards tous bien armés et déterminés ? Avait-on imaginé un être plus bizarre que Quaresmeprenant, monarque de l'île Tapinois? Sa tête était comme un alambic, ses oreilles comme deux mitaines, son nez comme un brodequin, ses yeux comme un étui de peignes, ses joues comme deux sabots, sa bouche comme une housse, ses dents comme des épieux, sa langue comme une harpe, son menton comme un

1 Pantagruel. Livre II, chapitre XXIX.

2 Frotteur de mufles.

3 Pantagruel. Livre IV, chapitre XVII.

potiron. Que dire de Mardigras, monstre ailé, gros et gris, ayant un plumage cramoisi, l'œil flamboyant, les oreilles vertes, les dents jaunes, une longue queue noire, les pieds blancs et diaphanes? A coup sûr, Quaresmeprenant et Mardigras éclipsaient le serpent enchanté sous la figure duquel apparaissait la fée Mélusine. C'est, on le voit, par une monstrueuse exagération que Rabelais porte un rude coup à l'extravagance des romanciers, sachant bien que le ridicule, plus fort que la violence, tranche mieux la plupart du temps les grandes questions.

Le pédantisme régnait alors dans les universités, particulièrement dans celle de Paris. Malgré le mouvement de rénovation philosophique qui commençait à se produire sous le souffle de la libre pensée, Aristote [1] était encore pour beaucoup de docteurs subtils, attachés avec fanatisme aux dogmes de la philosophie scolastique [2], le grand maître, le

1 Célèbre philosophe grec, fondateur du Lycée.

2 La théologie prédominait dans cette science nommée scolastique c'est-à-dire philosophie des écoles d'Occident où elle prit naissance au IXe siècle et fut cultivée avec passion pendant plusieurs siècles, non sans avoir suscité par moments de véritables discordes entre de fanatiques sectaires qui s'épuisaient dans de longs et stériles débats : témoin la querelle des Nominalistes et des Réalistes, des Scotistes et des Thomistes. La scolastique n'eut point d'ennemi plus redoutable que la Renaissance. Cependant, bien qu'elle touchât à sa fin, elle soutint encore la lutte au XVIe siècle, avec d'autant plus d'acharnement qu'elle se sentait perdue.

juge suprême, l'autorité dernière. Ils ne pensaient, ne raisonnaient, ne jugeaient que par lui. Ils le vénéraient à l'égal d'un saint, et sa doctrine, l'aristotélisme, était l'unique loi de l'école, à laquelle on devait obéir, sous peine de passer pour hérétique et d'être traité comme tel [1]. Et celui, à qui l'on rendait des honneurs presque divins, était-il toujours le véritable Aristote, l'Aristote grec, le génie peut-être le plus vaste et l'esprit le plus fin de l'antiquité? N'était-ce pas quelquefois un Aristote de fantaisie, mal interprété sous l'influence de la version et des commentaires arabes qu'une traduction latine avait jadis introduits en Europe, par exemple l'Aristote dénaturé par les subtilités du fameux Docteur franciscain Duns Scot, l'auteur des *Barbouillamenta* [2], principal ornement de la magnifique librairie de Saint-Victor? Quoi qu'il en soit, Rabelais blâme l'usage immodéré de l'aristotélisme, en se moquant des abus de la méthode

1 Qu'il suffise de rappeler, comme exemple à jamais mémorable de criminelle folie en ce genre, que, en plein XVIe siècle, Pierre La Ramée, plus connu sous le nom de Ramus, pour s'être déclaré l'adversaire de l'aristotélisme, subit d'odieuses persécutions et finit par être égorgé la nuit de la Saint-Barthélemy.

2 Pantagruel, Livre II, chapitre VII. Mot plaisant pour indiquer l'obscurité qui résulte du raffinement dans ses théories philosophiques.

syllogistique [1], dans le passage où il raconte, à propos de l'enlèvement des cloches de Notre-Dame, que « *Apres auoir ergote pro et contra, feut conclud en Baralipton* [2], *que lon enuoyroit le plus vieulx et suffisant de la faculte vers Gargantua pour luy remonstrer lhorrible inconuenient de la perte dicelles* [3], » s'il les gardait, en guise de sonnettes, au col de sa jument.

Quelle finesse satirique se dévoile dans le discours que maistre Janotus Bragmardo [4], l'élu de la Faculté, prononce devant Gargantua pour recouvrer les cloches ! N'est-ce pas un chef-d'œuvre de logique serrée dans l'art de bien penser, et de clarté dans celui de bien dire, soit que d'un bout à l'autre de son plaidoyer il expose les immenses avantages qu'on lui procurerait, en faisant droit à sa requête, soit qu'il décrive « *la substantificque qualite de la complexion elementaire que est intronificquee en la terresterite de la nature quidditatiue des cloches, pour extraneizer les halotz et les turbines suz*

1 Qui appartient au syllogisme, c'est-à-dire au raisonnement, sorte d'argument contenant trois propositions.

2 Mot inintelligible par lui-même inventé par les scolastiques pour indiquer par un procédé mnémonique une forme de syllogisme.

3 Gargantua. Chapitre XVII.

4 Qui joue de l'épée c'est-à-dire de la dialectique.

les vignes[1] ? » Le pédant enrichit ce joli galimatias de latin à l'avenant et met le comble à sa puissante argumentation en réunissant, dans une seule phrase où il déraisonne et résonne à plaisir, les dix catégories[2] d'Aristote : « *Ego sic argumentor. Omnis clocha clochabilis in clocherio clochando, clochans clochatiuo, clochare facit clochabiliter clochantes.* » Personne ne doute qu'un logicien et un latiniste de cette force n'ait mis dix-huit jours à *matagraboliser*[3] cette belle harangue, qui fit rire aux larmes les auditeurs ; aussi eut-elle pour effet la restitution immédiate des cloches aux citoyens de Paris, et lui valut-elle tout ce dont il avait besoin dans sa vieillesse, sept aunes de drap noir et trois de blanchet pour la doublure, quantité de gros bois, une masse de saucisses, vingt-cinq muids de vin, une écuelle d'une énorme capacité, et un lit à triple couche de plume d'oie. Ensuite, quand un maître ès arts fait remarquer à Janotus l'inconvenance qu'il y aurait à emporter lui-même les sept aunes de drap noir que Gargantua lui a données, il ne manque pas

1 Gargantua. Chapitre XIX.
2 Éléments de la pensée.
3 Composer des inepties.

de lui répondre dans les règles : « *Baudet, baudet, tu ne concluds point in modo et figura. Voyla de quoy seruent les suppositions et parua logicalia etc.*[1] » L'air grave et solennel, avec lequel maître Janotus donne ainsi une de ses qualités à son confrère, est tout-à-fait plaisant.

Avec quelle verve Rabelais se rit des subtilités scolastiques, quand il parle du royaume d'Entéléchie[2] où domine la reine Quinte Essence, fille de Duns Scot[3], qui « *à son disner rien ne mange, fors quelques Cathegories, Iecabotz* (abstractions), *Eminins* (espèces), *Dimions* (apparences), *Harhorins* (pensées), *Chelimins* (songes), *Secondes intentions, Caradoth* (pensées embarrassantes[4]) » et autres fariboles du même goût. Il est aisé de comprendre que, pour arriver au palais d'une reine qui, d'après le régime de son père, fait des repas si substantiels, il faut aborder au port de *Mateothecnie*[5] où l'on rencontre les fervents adeptes capables de se consumer à distinguer l'essence elle-même de

1 Gargantua. Chapitre XX.

2 Mot créé par Aristote, désignant l'âme même considérée comme force première de transformation et de perfectionnement.

3 Il imagina une cinquième essence ou principe du genre et de l'espèce.

4 Pantagruel. Livre V, chapitre XIX

5 Vaine science.

l'existence, la quiddité ou le esse essentiæ du esse existentiæ, suivant le beau langage de l'école.

Pendant que le roi de France, François Ier, et l'empereur d'Allemagne, Charles-Quint, qui, à la suite de guerres ruineuses, avaient conclu depuis plus de quatre ans le traité de Cambray, s'observaient avec défiance, aspirant encore secrètement l'un à la conquête du royaume de Naples et du duché de Milan, l'autre à la domination universelle, Rabelais ne croyait pas faire un exercice inutile en remuant *son tonneau Diogenic*, d'où les puissants de la terre pouvaient tirer les excellentes choses qu'il contenait, entre autres une éloquente leçon de modération, de justice et d'humanité : « *Qui trop embrasse peu estrainct. Le temps nest plus dainsi conquester les royaulmes auecques dommaige de son prochain frere christian : ceste imitation des anciens Hercules, Alexandres, Hannibalz, Scipions, Cesars et aultres telz est contraire a la profession de leuangile, par lequel nous est commande guarder, saulner, regir et administrer chascun ses pays et terres, non hostilement enuahir les aultres. Et ce que les Sarazins et barbares iadiz appelloient prouesses, maintenant nous appellons briguan-*

deries et meschansetez[1]. » Ainsi parle Grandgousier à Toucquedillon[2], prisonnier de guerre qu'il renvoie à Picrochole [3] son roi, avec mission de l'amener à résipiscence. Hélas ! Picrochole est un conquérant. Atteint d'une maladie incurable, la folle ambition, il écoute avec complaisance les conseils chimériques de certains gouverneurs, fait la sourde oreille à la voix de la sagesse, et, en dépit de sa faiblesse, ne rêve que conquêtes, sans se douter que tous ses magnifiques projets doivent avoir la fin du pot au lait. Il perd en effet ce qu'il possède et devient pauvre gagne-denier à Lyon, se berçant toujours du doux espoir de recouvrer son royaume « *a la venue des Cocquecigrues*[4]. »

On pouvait aussi puiser dans ce *tonneau Diogenic* les principes d'une politique raisonnable et honnête. Pour cela on n'avait qu'à lire les lettres de Grandgousier et de Gargantua, et le discours de ce bon géant aux habitants de Lerné soumis à ses lois par la victoire. A la mort du roi, en cas de minorité du prince, il est nécessaire

1 Gargantua. Chapitre XLVI.
2 Qui touche de loin, fanfaron.
3 Plein d'une bile amère c'est-à-dire méchant.
4 Gargantua. Chapitre XLIX.

qu'un homme recommandable par son expérience, son savoir et sa sagesse ait la prépondérance sur les administrateurs, et veille à ce qu'ils ne profitent pas de l'enfance du souverain, pour satisfaire leur avarice. Il faut, pour être à même de bien gouverner un jour, que l'héritier de la couronne, sous la direction des savants du royaume, développe les pouvoirs de son âme, enrichisse son esprit des vérités anciennes et nouvelles, acquière par les longues et sérieuses études des connaissances solides, et, convaincu que la science sans la conscience est seulement la ruine de l'âme, apprenne à servir, à aimer Dieu et son prochain. Quand il a en main la puissance suprême, il doit, en toute circonstance, s'éclairer, avant d'agir, des lumières de la raison. Loin de provoquer, il est de son devoir d'apaiser, et de songer uniquement à garder ses possessions intactes. Agir autrement c'est commettre une folie, et par là s'exposer à de cruels revers ; car « *debiles sont les armes on dehors, si le conseil nest en la maison*[1]. » Dans une guerre entreprise justement, s'il remporte la victoire, il est de

1 Gargantua. Chapitre XXIX.

son intérêt de se concilier les cœurs des vaincus par sa grandeur d'âme et sa générosité, se souvenant que « *un bon tour liberalement faict a homme de raison croist continuement par noble pensee et remembrance*[1]. » De tels conseils n'étaient pas superplus ; car trop souvent les souverains ressemblent, pour le malheur des peuples, à Anarche, le *trouble* personnifié et couronné, type de « *ces diables de roys qui ne sont que veaulx, et ne sçauent ny ne valent rien, sinon à faire des maulx es pauures subiectz, et à troubler tout le monde par guerre, pour leur inique et detestable plaisir*[2]. »

Que faut-il entendre par les sacs dont la grosseur est pour le juge civil Bridoye [3] l'indice certain de l'obscurité des affaires, sinon les masses de paperasses et de grimoires, productions des Chicquanous et des Procultous[4], qui, dans leur intérêt, compliquent les procès, accroissent les points litigieux, obscurcissent les témoignages les plus clairs, et font rendre des jugements aussi clairvoyants et équitables que ceux de Bridoye,

1 Gargantua. Chapitre L.
2 Pantagruel. Livre II, chapitre XXXI.
3 Niais.
4 Ce sont les huissiers et les procureurs.

accoutumé pour prononcer ses sentences, comme il l'avoue niaisement lui-même, à s'en remettre au sort des dés ? Sous la figure des chats fourrés, bien dignes collaborateurs de leur archiduc Grippeminaud [1], se montrent pris au vif et dans leur naturel les juges criminels d'une conscience large dans les questions étrangères à la foi, voraces, rusés, aux allures félines, souples avec les grands qu'ils ménagent, parce qu'ils les craignent, rigoureux à l'égard des humbles qu'ils châtient rudement. Pour eux les lois sont peut-être comme des toiles d'araignées où les simples moucherons et papillons sont pris, mais que rompent les gros taons. « *Nous ne cherchons*, dit Grippeminaud, *les gros larrons et tyrans, ils sont de trop dure digestion et nous affolleroient* [2]. » Impitoyables, sanguinaires même en matière d'hérésie, ils sont habiles à emprisonner, ruiner, meurtrir, brûler, écarteler, décapiter les malheureux dissidents tombés sous leurs griffes cruelles. Voilà l'œuvre méritoire de ces « *bestes moult horribles et espouuentables.* »

Rabelais répand aussi le sel de ses bons mots sur

1 Qui cache un jeu de voleur.
2 Pantagruel. Livre V, chapitre XII.

les moines, dont la vie était peu édifiante. Les moines de cette époque étaient le plus souvent ignorants et trop amis du bon vin et de la bonne chère. L'auteur de Gargantua les connaît parfaitement : il a fait partie de leur congrégation, il a vécu de la même vie ; les ayant longtemps fréquentés, il sait à quoi s'en tenir sur leur compte, et, si parmi eux il a trouvé quelques savants, véritables hellénistes tels que le cordelier Pierre Lamy auquel il a dû d'entrer en relations avec Guillaume Budé [1], il en a connu bon nombre dont la science consistait à marmotter « *grand renfort de legendes et pseaulmes nullement par eulx entenduz, conter force patenostres, sans y penser ny entendre* [2], » et qui sans doute, comme le frère Jean des Entommeures [3], étaient toujours disposés à faire de grasses offrandes à « *Messer Gaster, premier maistre es ars de ce monde* [4], » et à participer à « *la humerie du bon piot* [5]. »

Son persiflage n'épargne ni les *Decretales* [6], grâce

1 Célèbre érudit français qui fut avec le savant Erasme à la tête du monde littéraire au commencement du XVIe siècle.
2 Gargantua. Chapitre XL.
3 Qui entomme, entame, parce que seul il tailla en pièces les pillards du roi Picrochole.
4 Pantagruel. Livre IV, chapitre LVII.
5 Gargantua. Chapitre XXXIX.
6 Lettres écrites par les papes pour résoudre certaines questions ecclésiastiques, et faisant partie du droit canon.

auxquelles passaient « *par chascun an de France en Rome quatre cens mille ducatz et d'aduentaige* [1], » ni leurs zélés partisans. Elles sont « *escriptes de la main d'un ange Cherubin* [2]. » Une telle perfection ne permet pas aux mortels, créatures déchues et imparfaites, le moindre examen, la plus légère objection. Ils n'ont qu'à s'incliner avec humilité et vénération en gardant un silence salutaire. Les annates et les dîmes sont choses sacrées ; on doit être trop heureux et trop honoré de s'appauvrir pour enrichir la cour de Rome et ses agents si désintéressés dans les affaires de ce monde. « *Si voulez*, dit *Homenaz* [3], *estre dictz et reputez vrays christians, ie vous supplie à ioinctes mains ne croire aultre chose, aultre chose ne penser, ne dire, ne entreprendre, ne faire, fors seulement ce que contiennent nos sacres Decretales* [4]. » Au surplus, ceux qui sont assez raisonnables pour les approuver entièrement et en assurer l'exécution, en sont bien récompensés : ils réussissent à souhait ; richesses, honneurs, dignités ne leur font pas défaut. En effet, quand on est un

1 Pantagruel. Livre IV, chapitre LIII.
2 Pantagruel. Livre IV, chapitre XLIX.
3 Imbécile.
4 Pantagruel. Livre IV, chapitre LIII.

decretaliste, il n'est pas de fonction, si difficile qu'elle soit, dont on ne s'acquitte à merveille : on est en état d'être un bon capitaine, un habile politique, un sage souverain ; on a tous les talents et toutes les vertus.

L'île Sonnante [1] est remplie de cages vastes, riches, somptueuses, habitées par de grands, beaux et doucereux oiseaux, chantres infatigables ressemblant aux hommes et nourris aux frais de tout le monde : les uns ont un plumage blanc, les autres noir, les autres gris, les autres rouge. Ces cages, quelque belles qu'elles soient, sont un emblème de la servitude où vivent les membres des différents ordres religieux depuis les plus humbles jusqu'aux plus élevés, sans en excepter même le souverain pontife esclave de son ambition : le besoin de posséder et de dominer ne lui fit-il pas souvent suivre une politique étroite et astucieuse qui, en le réduisant au rôle d'un misérable conquérant, amoindrit son autorité morale ? Jules II, par exemple, donna aux peuples ce triste et funeste spectacle. « S'il avait rendu la papauté plus

1 Pantagruel. Livre V, chapitre II.

puissante en Italie, dit un illustre historien [1], il fut de ceux qui la rendirent moins vénérable en Europe. »

Ce sont sans doute ses railleries piquantes à l'adresse des moines, des décrétales, des décrétalistes et de la constitution ecclésiastique, qui ont fait prétendre que Rabelais voulait détruire toute autorité religieuse. Défenseur fidèle du principe d'autorité en religion comme en politique, il tend seulement à réformer les abus qui nuisent à l'autorité même, et n'est pas plus l'ennemi de la vraie religion qu'Aristophane ne l'était des dieux d'Athènes, lorsqu'il se moquait, dans ses comédies, du ridicule travestissement dont on les affublait.

Panurge [2] n'est pas une création de Rabelais; il l'a emprunté de Folengo ; mais il lui a donné un air de grandeur et un caractère de franchise qui le distinguent de l'aventurier italien Cingar et en font un type français. Sans le céder en ruses à ce personnage, il rougirait de détrousser comme lui les religieux, de s'emparer de leurs habits et de s'en revêtir pour jouer le saint homme et mieux

1 Mignet. Rivalité de François Ier et de Charles-Quint. Introduction, page 52.
2 Propre à tout faire.

tromper. Se comportant en personne de qualité, sans recourir à aucun déguisement, il représente au XVIe siècle la classe seigneuriale dont la vie se passait dans l'oisiveté et le désordre, lorsqu'elle n'était pas occupée par les guerres. Plus d'un châtelain de Salmigondin [1], avide de plaisirs et de fêtes, dilapidait en peu de temps les magnifiques revenus de sa châtellenie, et, si, pour se procurer de l'argent, il ne guerroyait pas dans son pays, à la manière de ses ancêtres du XIe siècle, pillant sur les grandes routes et rançonnant les bourgeois dans les villes, il empruntait et remboursait aux calendes grecques. Cette autre façon d'obtenir ce qui ne lui était point dû, était pleine d'urbanité : l'astuce remplaçait la violence; c'était une transformation adroite du système féodal. Le prodigue seigneur pouvait faire, comme l'honnête Panurge, l'éloge des dettes et des emprunts, heureux d'avoir pour appui quatre vertus principales : la *prudence*, en prenant argent d'avance ; la *iustice*, en tenant table ouverte aux gentils compagnons jetés, sans provisions de bouche, sur le roc de bon appétit ; la *force*, en

1 Château où règne le désordre.

abattant les gros arbres, comme un second Milon; et la *temperance*, en mangeant son blé en herbe.

Cependant la vie oisive et ruineuse des seigneurs n'était pas la seule plaie de l'état social. Les esprits étaient en proie à des croyances ridicules. On avait foi dans l'astrologie, la magie, la sorcellerie et dans toute sorte de divinations. Les opinions les plus absurdes avaient prise non seulement sur le vulgaire, mais encore sur les hautes classes. Les personnes de condition, les princes et les princesses consultaient religieusement les astrologues et se faisaient tirer leur horoscope. Les savants eux-mêmes n'étaient pas tous à l'abri de la contagion. C'est en 1577 que Bodin, le père de la science politique en France, reconnut, dans son estimable ouvrage sur la République, l'astrologie comme vérité théorique, et alla même jusqu'à admettre que, s'il était possible de comparer tous les événements arrivés depuis le commencement du monde avec les mouvements planétaires, on pourrait en tirer certaines inductions. Si, dans la seconde partie du XVIe siècle, le précurseur de Montesquieu avait de telles idées, que ne devait-on pas attendre des Nostradamus contemporains de Rabelais ? Aussi Panurge, en ayant recours aux devineresses, devins, astrologues et magiciens, finit par faire comme tout le monde, et suit le courant de folle crédulité qui entraîne et égare les esprits. N'ayant pas assez de confiance en lui-même pour savoir s'il doit se marier, il consulte d'abord des savants. Mais rebuté par l'opinion brutale du docteur Rondibilis [1], et tourmenté par le pyrrhonisme du philosophe Trouillogan [2], il s'adresse à des empiriques. Il va trouver la sibylle de Panzoust, vieille, mal vêtue, édentée, chassieuse, courbée par les ans, tout-à-fait dans le genre des « *vaticinatrices*, » et « *sonnant entre les dens quelques motz barbares et d'estrange termination* [3]. » Peu satisfait de son entrevue avec cette prophétesse, il se rend chez le vieux Raminagrobis [4] qui lui répond avec clairvoyance : « *Prenez la, ne la prenez pas* [5], » puis au logis de Her Trippa [6] d'une habileté consommée pour prédire les choses

1 Qui parle sans façon, sans ambiguité, franchement.

2 Qui chiffonne c'est-à-dire qui tourmente.

3 Pantagruel. Livre III, chapitre XVII.

4 Qui fait l'important.

5 Pantagruel. Livre III, chapitre XXI.

6 Monsieur Trippa, c'est-à-dire Cornélius Agrippa, philosophe et alchimiste allemand très-versé dans les sciences occultes.

futures « *par art d'Astrologie, Geomantie, Chiromantie, Metopomantie, et aultres de pareille farine*[1]; » mais bientôt édifié sur sa science divinatoire, il s'écrie : « *Laissons icy ce fol enraigé rauasser tout son saoul auecques ses diables priuez. Il ne sçait le premier traict de philosophie, qui est, congnois toy. Et se glorifiant veoir un festu en l'œil d'aultruy, ne void une grosse souche laquelle luy poche les deux yeulx*[2]. » Voilà le trait acéré que le Satirique décochait sur ceux qui faisaient profession d'annoncer l'avenir, et dont le contre-coup devait atteindre les gens assez simples pour croire bénévolement à leurs prophéties.

Mais tous ces abus, tous ces écarts de bon sens n'étaient-ils pas ordinairement dans le principe les conséquences d'une éducation vicieuse et inepte ? N'y avait-il que Gargantua qui s'éveillait entre huit et neuf heures, puis, sans se laver, déjeunait, étudiait quelque méchante demi-heure, « *les yeulx assis dessus son liure,* » tandis que « *son ame estoit en la cuysine*[3], » s'asseyait à table, mangeait et enfin « *dormoit sans desbrider, iusques on lendemain*

1 Pantagruel. Livre III, chapitre XXV.
2 Pantagruel. Livre III, chapitre XXV.
3 Gargantua. Chapitre XXI.

huict heures [1] ? » N'y avait-il qu'un Thubal Holopherne [2] pour apprendre, plus de cinq ans, l'alphabet à son élève, « *si bien quil le disoit par cueur on rebours* [3], » pour lui lire, plus de treize ans, les traités de Donat sur les huit parties du discours et sur le barbarisme, le Facet de Jean de Garlande et les paraboles d'Alain, puis, plus de dix-huit ans, le *De modis significandi* avec les commentaires ? Ne rencontrait-on pas bon nombre de vieux tousseux, tels que maistre Jobelin Bridé [4], capables d'initier les enfants au Græcismus d'Hébrard, au Doctrinal, aux Parts, au Quid est, au Supplementum, au *Dormi secure* pour les fêtes et à quelques autres ouvrages aussi intéressants ? Un tel mode d'éducation devait corrompre toute fleur de jeunesse, abâtardir les bons et nobles esprits : c'est le jugement de Don Philippe des Marays, vice-roi de Papeligosse ; c'est aussi celui de tous les gens sensés.

Rabelais essaie de rajeunir et de transformer

1 Gargantua. Chapitre XXII.

2 Nom de l'auteur d'une farce intitulée : Prognostication nouelle et ioyeuse pour trois iours aprez iamais, 1478 ; par conséquent signifie un farceur.

3 Gargantua. Chapitre XIV.

4 Nigaud.

cette vieille société penchant vers sa fin, ou plutôt il trace le plan d'une société nouvelle qui aura pour fondements la science, la vérité, la justice, la vraie piété. Mais un tel changement ne peut s'opérer du jour au lendemain ; il faut que la nation y arrive progressivement, sans secousse. Le plus sûr moyen, pour atteindre ce but, est de réformer l'éducation ; car les principes reçus dans le premier âge influent fortement sur le moral de l'homme. A cet effet, l'auteur du Roman propose une méthode, modèle de raison et de sagesse pratique. Donnez à vos enfants des maîtres de la valeur de Ponocrates [1], d'Epistémon [2], de Gymnaste [3], et vous assisterez au plus beau développement de l'esprit et du corps que vous puissiez voir.

Quelle heureuse distribution de l'emploi du temps ! Le jeune homme se lève à quatre heures du matin environ ; pendant qu'il se nettoie, on lui lit quelque page de la divine Écriture, ensuite on lui donne une leçon d'astronomie, en fixant son

1 Précepteur de Gargantua. Puissance du travail.
2 Précepteur de Pantagruel. Savant.
3 Maître de Gargantua pour la gymnastique.

attention sur l'état du ciel ; on lui répète et on lui fait répéter les leçons du jour précédent ; après trois heures de lecture, il se livre à quelque exercice du corps ; au commencement du repas, il entend lire l'histoire plaisante des anciennes prouesses, puis on l'entretient des propriétés et de la nature de tout ce qui est servi sur la table ; à la fin du repas, on apporte des cartes, non pour qu'il joue, mais pour qu'il apprenne mille inventions nouvelles « *lesquelles toutes yssoient de Arithmeticque.* » Par ce moyen on lui inspire le goût de cette science ; il décrit aussi des figures géométriques, s'applique même à chanter et à jouer de tous les instruments. Quand la digestion est terminée, il revient à son étude principale, pendant trois heures au moins, soit qu'il répète la lecture du matin, soit qu'il la continue, soit qu'il écrive les « *antiques et romaines lettres.* » Après un divertissement qui consiste dans l'équitation, la lutte ou la natation, il s'occupe de botanique en se promenant, prend part à un souper où l'on échange toujours de bons propos « *tous lettrez et utiles*[1], » puis quelquefois rend visite aux

1 Gargantua. Chapitre XXIII.

savants, pour retirer quelque avantage de leur conversation, récapitule brièvement à son retour tout ce qu'il a lu, vu, su, fait et entendu dans le cours de la journée, et, avant de jouir d'un repos bien mérité, adresse une prière à Dieu.

Lorsque le temps est pluvieux (il faut prévoir tous les cas), après dîner l'élève, pour accroître ses forces physiques, s'amuse à fendre et à scier du bois ou à battre des gerbes dans la grange ou à faire quelque autre travail pénible, n'a garde de négliger la peinture et la sculpture, va voir les ateliers des ouvriers passés maîtres dans leur art, écoute les leçons publiques, les plaidoyers des gentils avocats, « *les concions des prescheurs euangelicques* [1], » s'habituant ainsi à la tolérance religieuse en appréciant les vérités d'un autre culte, et, au lieu d'herboriser, parcourt les boutiques des droguistes et des herboristes, sans oublier d'assister au spectacle des bateleurs, pour s'instruire de leurs ruses et de leur beau parler; car aucune connaissance ne doit lui être étrangère.

Voilà certes un jour bien employé ! Il n'y a pas

1 Gargantua, Chapitre XXIV.

un seul moment perdu : les heures s'écoulent d'une manière utile et agréable, en passant de la théorie à la pratique des lettres, des sciences et des arts. Toutes les facultés de l'âme, toutes les forces du corps sont mises en jeu et se développent dans un heureux équilibre. Ce système rationnel d'une éducation privée, qu'on peut parfaitement, moyennant quelques modifications, rendre publique dans l'enseignement secondaire, ce que du reste on a déjà fait en partie et ce que journellement on continue de faire en y introduisant les améliorations et les innovations [1] nécessitées par les besoins de notre époque, était pour la culture de l'intelligence, comme une application anticipée de la méthode cartésienne : l'élève recherche les vérités essentielles de toute chose, les étudie d'abord partiellement et les révise ensuite avec soin pour ne les point omettre, remontant de la sorte par degrés des notions les plus simples aux plus composées. L'esprit en effet, à quelque âge que ce soit, n'a pas, pour

1 On étudie maintenant (et il faut qu'on y consacre plus de temps et de soins) les deux principales langues étrangères de l'Europe, l'anglais et l'allemand, d'une utilité incontestable, sans parler de l'intérêt qu'elles offrent au point de vue de la linguistique, l'histoire d'une façon sérieuse et suivie, la géographie devenue, en raison des rapports internationaux de toute nature et des découvertes continuelles sur tous les points du globe, une science spéciale de premier ordre, la physique et la chimie qui nous procurent de si précieux avantages.

connaître le vrai, de procédés plus certains et plus exacts que l'analyse et la synthèse.

Cependant Gargantua qui sait ce qui lui manque, malgré tout son savoir, à cause de la diffusion rapide des lumières, et de quelle importance est l'ordre dans les travaux d'esprit, indique à son fils dans une lettre [1], par son programme même d'études [2], la méthode rigoureuse à laquelle il doit s'astreindre. Pantagruel s'attache donc à apprendre à fond d'abord les langues en commençant par celles de l'antiquité qui sont et seront toujours le fondement des connaisances humaines, ensuite l'histoire [3], les mathématiques, le droit dans ses rapports avec la philosophie, l'histoire naturelle, la médecine, l'anatomie, la critique des textes sacrés en comparant le grec à l'hébreu, sans négliger l'art militaire nécessaire pour défendre sa patrie contre les spoliateurs, et acquiert ainsi, grâce aux judicieux conseils de Gargantua et à la

1 Pantagruel. Livre II, chapitre VIII.

2 C'est un programme succinct d'enseignement supérieur qu'on a développé et complété depuis en le répartissant entre les cinq facultés à l'enseignement desquelles il répond.

3 La géographie est implicitement comprise dans l'histoire qui ne s'en sépare point; d'ailleurs Pantagruel voyage non-seulement en France mais encore à l'étranger, et de la sorte, à la manière des anciens, en visitant les contrées et les villes il s'instruit au sujet de notre commune demeure.

bonne direction de son précepteur Epistémon, une instruction plus étendue et plus scientifique que celle de son père. Ainsi le veut le progrès.

L'élite d'une génération élevée de cette manière doit former une société instruite, forte et honnête dont Rabelais se plaît à faire une fine et divertissante description dans son *Abbaye de Theleme* [1], d'où il exclut les vieux *matagotz*, les *boursouflez*, les *torcoulx*, les *basochiens*, *mangeurs du populaire*, les *grippeminaulx*, les *briffaulx*, les *hypocrites*, les *bigotz*, les *badaulx*, en somme tous ceux dont les abus méchants rempliraient l'abbaye de méchancetés, et où il ne reçoit que les gens de bonne naissance, d'un esprit cultivé, de mœurs vertueuses, ayant la volonté de bien faire et capables de s'aimer toujours ; il y admet aussi les vrais serviteurs de Dieu qui passent leur pieuse existence à prêcher le saint Evangile ; car dans ce séjour d'honneur il veut fonder « *la foi profonde* [2]. » Mais quelle est cette foi ? Est-ce une foi irrationnelle, sans fondement réel ? Non ; elle est logique et positive : « c'est, comme le dit un éminent criti-

1 Volonté.

2 Gargantua. Chapitre LIV.

que[1], la croyance qui jamais ne fléchit en lui, à la vertu de la raison. » Rabelais ne s'égare pas en croyant fermement à l'efficacité de cette force divine. Le levier d'Archimède[2] est trouvé : avec la raison il soulèvera le monde ; car elle est le tout de l'homme. Ne lui procure-t-elle pas la vraie grandeur, le souverain bien, l'immortalité, et, pour comble de félicité, ne lui fait-elle pas concevoir Dieu comme autrefois au philosophe grec Empédocle, d'une manière rationnelle, géométrique, en rapport parfait avec son immensité et sa nature : « *une infinie et intellectuale sphaere, le centre de laquelle est en chascun lieu de l'uniuers, la circunference poinct*[3] ? »

L'abbaye de Thélème, où règne l'unique loi « *fay ce que vouldras* » principe de la liberté, est le temple de l'avenir susceptible de s'agrandir et de se perfectionner indéfiniment, à mesure que la nation progressera dans la pratique de la liberté, de la science et du bien : c'est la grande vérité que contient le mythe de Gargantua et de Pantagruel.

1 Gebhart. Rabelais, chapitre VI, page 300.
2 L'un des plus grands géomètres de l'antiquité.
3 Pantagruel. Livre III, chapitre XIII.

« *A boyre, a boyre,* » voilà le cri qui retentit dès les premières pages du Roman. Gargantua le pousse en venant au monde; il tient tout ce qu'il promet : c'est un grand buveur [1]. Pour quiconque a l'habitude d'interpréter un mythe, ce cri signifie ici : « *De l'instruction, de l'instruction.* » Gargantua en effet s'instruit avec avidité. Le fils tient du père : il a le gosier desséché ; aussi dès le berceau hume-t-il le lait de quatre mille six cents vaches; c'est un insatiable buveur [2] : il s'instruit autant et même plus que son père. « *Trinch* [3] » est le mot de la mystérieuse bouteille. « *Buvez* » c'est-à-dire abreuvez-vous de science; soyez-en aussi altérés que Gargantua et Pantagruel; vous vous affranchirez du pire esclavage, l'ignorance compagne du vice qu'exploitent les tyrans. En devenant plus savants vous deviendrez meilleurs ; car la connaissance de la vérité et la vertu sont identiques : de là dépend le bonheur de chacun et de tous; c'est l'ivresse, la joie immense promise au

1 Gargantua veut dire gosier.

2 Pantagruel c'est-à-dire tout altéré.

3 Pantagruel. Livre V, chapitre XLIV.

savoir et à l'honnêteté, et dont la prêtresse *Bacbuc*[1] est la personnification.

On n'est pas surpris du ton plaisant que Rabelais a pris dans tout le cours de ce livre, comme s'il s'était agi d'une immense farce, quand on connaît l'homme et le milieu où il a vécu. D'une humeur joyeuse, Rabelais donnait sans effort un tour joyeux aux pensées même les plus graves; c'était fort heureux pour lui, puisque le rire semblait nécessaire au réformateur qui voulait être bien accueilli d'un monde où régnait la gaîté. Là n'était pas tout le mal; mais il y en avait beaucoup, et on avait chance de l'y combattre peut-être avec plus de succès qu'ailleurs. Toutefois on ne pouvait essayer de vaincre l'ennemi que par surprise, en se glissant insensiblement dans la place et en s'y fortifiant, sans qu'il s'en aperçût : pour cela il fallait le prendre par son côté faible. Au reste, s'il ne parvenait pas à corriger ses contemporains en les égayant, ce qu'il n'espérait probablement pas, il s'égayait du moins à leurs dépens, en épanchant, pour sa satisfaction personnelle, le trop plein de

1 Bouteille.

sa gaîté d'esprit « *conficte en mespris des choses fortuites* [1]. »

C'était aussi fort circonspect dans un siècle où l'on brûla vifs à Paris pour sa sévérité de principes le vertueux Berquin, et pour sa polémique ouverte, un savant plubliciste et imprimeur, Etienne Dolet, le grand Cicéronien. Il ne lui était pas possible d'imiter Aristophane même dans son Plutus, et d'attaquer, sous des noms fictifs, les hommes de son temps. Ce qu'il pouvait faire de plus hardi pour l'époque, c'était de ridiculiser les abus et les sottises avec une verve comparable à celle du Comique grec, mais qu'il avait soin de déguiser sous la livrée de la folie. En jouant le rôle d'un Triboulet, Rabelais comptait donc sur ses facéties d'abord pour être lu, ensuite pour ne pas être inquiété, surtout au sujet de ses libres opinions sur les questions et la discipline ecclésiastiques ; ce qui même ne l'eût pas toujours préservé des rigueurs de la Sorbonne, s'il n'eût eu la protection de François Ier, lorsqu'il crut pouvoir, sans danger, en se faisant connaître, se départir quelque peu

1 Pantagruel. Prologue du livre IV.

de la prudence qu'il avait poussée jusqu'à cacher son nom, dans la publication de ses deux premiers livres, sous l'anagramme Alcofribas Nasier.

A vrai dire, s'il jouissait d'une grande vogue, ce n'était pas seulement pour ses folâtreries, c'était encore pour « *une sale corruption* [1] » qui excite aujourd'hui la répugnance et le mépris, et que nous avons le regret de voir unie à des vues d'une profondeur philosophique admirable. Dans la haute société du temps, on se plaisait à tenir un langage aussi mauvais que celui d'Alcofribas, dans les passages où il est le pire. Les mémoires du temps en font foi. Ne nous arrêtons donc pas davantage aux basses complaisances de Rabelais pour le libertinage grossier de la majeure partie de ses lecteurs, ne considérons que son génie.

A sa gaîté naturelle l'auteur de Gargantua joint une sagacité philosophique pleine de malice, un bon sens railleur, une finesse exquise de jugement, une franchise hardie, une prudente réserve. Ces qualités essentiellement gauloises, qu'il possède à un si haut degré, en font, parmi nos meilleurs écri-

1 La Bruyère. Les Caractères, des ouvrages de l'esprit.

vains, un des premiers représentants de l'esprit français au XVIe siècle.

Nul mieux que lui n'excelle à distinguer le faux du vrai, à juger avec sûreté, d'une façon ingénieuse, les hommes et les choses, à porter en se jouant de terribles coups aux erreurs humaines, à cacher, sous une forme singulière et extravagante à dessein, des vérités hardies dont il est bon de profiter. L'ironie et le sarcasme sont des armes qu'il manie avec une adresse incomparable, pour aider au triomphe de la raison dans la guerre héroï-comique qu'il fait à la folie des âmes moutonnières en littérature, aux abus de l'aristotélisme et de la politique, à tout ce qui rabaisse l'imposante majesté de la justice et le caractère sacré de la religion, aux désordres de l'oisiveté féodale, à l'ignorance présomptueuse et aveugle, à la sotte crédulité et aux systèmes insensés d'éducation.

Cependant, si Rabelais est un philosophe satirique d'une originalité puissante, il est aussi le père des lettres françaises, et ce n'est pas son moins grand titre de gloire. Versé dans la plupart des langues, d'un savoir universel, non-seulement il déploie une richesse d'érudition sans exemple, mais encore usant avec art de nos vieux dialectes provinciaux dont il a une connaissance parfaite, il prouve que notre langue vulgaire n'est pas aussi inepte, indigente et méprisable que « *les rappetasseurs de vieilles ferrailles latines, reuandeurs de vieux mots latins tous moisis et incertains* [1] » osaient alors le soutenir. Il s'efforce donc avec raison de réagir contre de fanatiques lettrés qui tendaient à faire de notre langue une langue pédantesque, une contre-façon du grec, surtout du latin. L'idiome de nos chroniqueurs et de nos conteurs avec ses grâces enfantines, la naïveté, l'enjouement, une bonhomie maligne où se mêlent de la rudesse et une sorte de licence ingénue, ne peut lui suffire : il faut à sa pensée un vêtement plus ample, d'une trame plus fine, d'un cachet viril et d'une couleur plus gaie. Il crée des mots heureux d'une physionomie expressive, invente pour ainsi dire le langage dont il a besoin pour mettre en relief son pantagruélisme, et faire parler, comme il convient, les personnages d'un nouveau genre qu'il met en scène, donne à sa prose une allure libre et décidée, de l'ampleur et de l'harmonie, mais parfois un tour

1 Pantagruel. Prologue du Livre V.

et un caractère trop latins, comme l'observe fort judicieusement notre savant philologue M. Littré[1], sème sa facétieuse narration de maximes et de proverbes marqués au coin du bon sens, et, dans un style railleur, énergique et parfois éloquent, « va jusqu'à l'exquis et à l'excellent et peut être le mets des plus délicats[2]. » On ne s'étonne donc pas qu'avant Beaumarchais trois écrivains de génie, Molière, le plus profond observateur, La Fontaine, le plus grand poëte peut-être du XVIIe siècle, Racine, un maître en fait de langage, aient jugé bon de butiner dans son œuvre non moins utile que délectable, et en aient tiré des termes et des expressions dont ils sentaient la force et la justesse. C'est une preuve de haute estime pour les qualités éminentes de Rabelais, la figure la plus extraordinaire de notre littérature.

Mais l'esprit plus encore que le style du Satirique eut une immense portée : il ouvrit désormais la voie aux glorieux défenseurs de la raison, de la vérité et de la justice outragées. C'est dans son vaste et riche arsenal qu'ils choisirent chacun leur

1 Dictionnaire de la langue française. Complément de la préface, page L.

2 La Bruyère. Les Caractères, des ouvrages de l'esprit.

trait le plus fort, et ils n'eurent, pour se l'approprier, qu'à y mettre l'empreinte de leur génie. Personne avant Rabelais n'avait été de taille à fabriquer toutes les armes qui pussent leur convenir. En effet, parmi ses ancêtres du moyen âge, auteurs de sirventes[1] et de romans allégoriques, y en eut-il qui approchèrent de lui ? Certes quelques troubadours, comme Guillaume de Figueras invectivant contre Rome, montrèrent une véritable énergie, des trouvères, tels que Jean de Meung[2] et Pierre de Saint-Cloud[3], surent railler fort agréablement. Mais leur vit-on jamais brandir avec la vigueur et l'entrain de cet hercule, une marotte, en guise de massue ? On en chercherait vainement un seul. La comparaison les écrase : ils paraissent des pygmées auprès du colosse de la Renaissance. Il est donc naturel qu'il ait la prédominance et joue un rôle si considérable dans le mouvement de rénovation sociale, où il tient la tête, et qui se continue après lui, grâce au courage et à l'esprit de quelques hommes supérieurs, malgré les efforts

1 Poésies satiriques des troubadours.
2 Continuateur du Roman de la Rose.
3 L'un des auteurs du premier roman de Renard.

du despotisme et de l'injustice pour l'enrayer. Il est aisé de suivre dans sa marche, durant plus de deux siècles et demi, l'attaque contre les abus de toute espèce, et d'en déterminer les différents caractères : burlesque avec les auteurs de la satire Ménippée, ironique avec Pascal, comique avec Molière, naïvement malicieuse avec La Fontaine, elle devient sarcastique avec Voltaire, grave avec Rousseau et les encyclopédistes, spirituelle avec Beaumarchais, terrible avec les géants de la Révolution. Commencée par une farce réjouissante au plus haut point, elle se termine par une œuvre tragique mais salutaire de justice et de régénération, à l'accomplissement de laquelle travaillèrent sans s'en douter, dans la mesure de leurs forces et suivant leur humeur naturelle, ces grands réformateurs élevés à l'école de Rabelais.

Son influence dure toujours. Les intelligences d'élite de notre siècle se sont plu à la subir : plus d'une chanson de l'immortel Béranger me semble un écho de son rire. Sa verve se retrouve dans une création de notre grand poëte romantique. Un souffle rabelaisien animait Victor Hugo, quand il composa son Ruy-Blas. Don César de Bazan n'a-t-il pas quelques traits de ressemblance avec Panurge?

Je dis plus, j'envisage l'avenir : quand un écrivain de talent, même de génie, voudra faire revivre la vieille gaîté gauloise en livrant à la moquerie la sottise, les erreurs et les vices des hommes, soit sur la scène, soit dans la littérature, c'est encore à Rabelais qu'il devra demander quelques-unes de ses meilleures inspirations.

FIN

Moulins. — Imp. Fudez frères.

TABLE DES MATIÈRES.

www.ingramcontent.com/pod-product-compliance
Ingram Content Group UK Ltd.
Pitfield, Milton Keynes, MK11 3LW, UK
UKHW021026180726
13838UKWH00004B/1638

9 782329 027081